AF253526

L 27 n
22398

ÉLOGE

DE

PIERRE GRATIOLET

BIBLIOTHÈQUE IMPÉRIALE
IMPR.

ÉLOGE

DE

PIERRE GRATIOLET

PAR

LE DR PAUL BERT

Professeur à la Faculté des sciences de Bordeaux

PRONONCÉ LE 4 MAI 1866

A LA

Séance publique annuelle de la Société de secours des Amis des Sciences

DÉPÔT LÉGAL
Seine
N° 5528
1866

BIBLIOTHÈQUE IMPÉRIALE

PARIS

IMPRIMERIE GÉNÉRALE DE CH. LAHURE

RUE DE FLEURUS, 9

1866

Tous droits réservés

ÉLOGE

DE GRATIOLET

Messieurs,

« Il y a dans le monde, a dit Pascal, deux sortes
de grandeurs; car il y a des grandeurs d'établissement et des grandeurs naturelles. Les grandeurs
d'établissement dépendent de la volonté des hommes,
et nous leur devons des respects d'établissement,
c'est-à-dire certaines cérémonies extérieures; mais
les respects naturels qui consistent dans l'estime,
nous ne les devons qu'aux grandeurs naturelles. »
Ces paroles semblent inspirées, messieurs, par la
vie dont je vais dérouler devant vous les phases tour
à tour brillantes et sombres, par la vie d'un homme
auquel rien n'a manqué dans l'ordre naturel des

grandeurs et des respects, et que la mort a foudroyé au moment où il venait d'obtenir, d'une tardive justice, et les autres respects et les autres grandeurs. Je veux, racontant cette belle et triste histoire, éloigner de ma pensée les amers souvenirs et tout ce qui serait indigne de la mémoire du maître que j'honorais autant que je l'aimais. En montrant comment a pu être maintenu si longtemps dans l'ombre celui dont la science resplendissait d'éloquence, en montrant ce que nous avons perdu et par sa mort et pendant sa vie, je veux laisser ceux dont le devoir était et est encore de prévenir de semblables maux se demander s'il convient de n'accuser ici que la destinée. Puisse du moins sortir d'un si douloureux récit quelque enseignement utile! Puissent désormais marcher toujours réunis, et ces grandeurs et ces respects, trop souvent séparés!

Pierre-Louis GRATIOLET naquit à Sainte-Foy-la-Grande (Gironde), le 6 juillet 1815. Il appartenait à une famille fort ancienne, originaire du Béarn, qui s'était fixée à Agen vers le seizième siècle[1]. Son père exerça successivement la médecine à Sainte-Foy, puis à Bordeaux, où le jeune Pierre commença

---

1. Jean Gratiolet (capitaine-major de la ville d'Abbeville, en Picardie), commis à la charge de héraut d'armes de France et de Navarre au titre d'Alençon, fut chargé par le roi Louis XIII, en 1635, de déclarer la guerre au cardinal infant d'Espagne qui retenait prisonnier l'archevêque de Trèves. (*Essais historiques sur Paris*, de M. de Saint-Foix, t. IV, 1776.)

ses études classiques. Il vint, en 1829, les achever à Paris dans le collége Stanislas.

Il ne fut pas un de ces enfants de génie, dont la complaisance des biographes recueille les traits merveilleux; il ne fut pas non plus un de ces héros de concours qui brillent un jour de distribution de prix pour disparaître à jamais. Mais il se fit de bonne heure remarquer par son intelligence ouverte, la droiture et la finesse de son esprit, la tournure gracieuse et souvent poétique de ses pensées. Déjà, chez lui, se révélait cette aptitude aux arts du dessin dont le professeur devait faire un jour un si brillant et si utile usage. Il passait ses jours de liberté dans nos musées publics, s'arrêtant de préférence devant les portraits des grands hommes, et scrutant leurs physionomies; au collége, son habileté se manifestait dans l'art d'exprimer en l'accentuant le trait dominant d'un visage humain, dans l'art de la caricature où plus tard il excella, et qui annonçait pour ainsi dire en lui le peintre de « la physionomie et des mouvements d'expression. » Mais, dès son enfance et pendant sa vie entière, son excellente nature, sa bonté sans égale, le protégèrent contre les entraînements de son crayon facile et de sa verve gauloise. « Déjà aussi, a dit un de ses biographes[1], l'injustice qu'il a su, durant toute sa vie, supporter avec tant de calme,

1. M. Grandeau : *Notice sur la vie et les travaux de Pierre Gratiolet.* Paris, Hetzel, 1865.

alors qu'elle n'atteignait que lui, le révoltait pro-fondément lorsqu'il s'agissait des autres. Brave jusqu'à la témérité, il prit, dès son enfance, le parti du faible contre le fort. » Est-il donc éton-nant que maîtres et condisciples se soient épris d'une vive affection pour cet enfant d'élite, que couronnait cette triple auréole qu'il conserva toute sa vie : gaieté charmante, amour du beau, dé-vouement sans mesure ? Il contracta au collége Stanislas de nombreuses amitiés, dont quelques-unes devinrent illustres, et qui toutes demeurèrent fidèles.

C'est pour ne pas quitter le plus cher de ses amis[1] qu'il fit une courte apparition à l'École de droit. Mais bientôt l'aridité de décevantes études, la vanité des disputes scolastiques, la fragilité des principes de convention firent reculer ce vaillant esprit, amoureux de l'espace, de la lumière et de la certitude. Il se sentait entraîné vers l'étude des sciences, pour laquelle il était merveilleusement doué, car en lui se trouvaient réunis la pensée qui prévoit, dirige et conclut, les sens actifs qui ob-servent, la main habile qui obéit. Aussi, dès son entrée à l'École de médecine, il se consacra parti-culièrement à l'étude de l'anatomie, dont il acquit bientôt une connaissance étendue, malgré les mau-

---

1. M. le conseiller Dauchez, à qui je dois la plupart de ces détails sur les jeunes années de Gratiolet. Je le prie d'accepter l'expression de ma gratitude.

vaises méthodes d'enseignement, que plus tard il allait réformer quand la mort l'arrêta.

En 1839, un brillant concours lui donna le titre d'interne des hôpitaux. Ce fut pour lui une nouvelle et précieuse occasion et de s'instruire et de se faire aimer. Les amis des salles de garde, francs et fidèles comme ceux du collége, ne manquèrent pas à cette charmante et généreuse nature qu'on ne pouvait rencontrer sans être séduit. Il me souvient de les avoir vus tous, bien plus tard, et c'était un bon et salutaire spectacle, entourer leur cher Gratiolet d'une affection ardente, le défendre contre des imputations qui parfois furent odieuses, le consoler dans ses longues épreuves, et, lorsqu'enfin l'horizon s'éclaircit, applaudir fraternellement à ses triomphes. Pour quelques-uns ce fut comme un culte; il fallait les entendre raconter aux amis plus récents, mais non pas moins dévoués, les histoires de l'enfant chevaleresque qui livrait combat à toutes les injustices, ou celles du « bon interne, » comme l'appelaient les pauvres malades de la Salpêtrière. Hélas! je les ai vus, plus tard encore, écrasés de douleur, au chevet où la mort l'avait frappé au lendemain d'une victoire, étendre sur la tête de ses jeunes enfants leurs mains auxquelles notre Société, grâces en soient à jamais rendues à Thénard! allait unir sa main puissante et secourable.

Encore sur les bancs de l'École, Gratiolet songeait au professorat; et déjà, admirant son esprit souple et élevé, l'éclat et la solidité de sa parole, et sa facilité à représenter au tableau les détails ardus des descriptions anatomiques, ses amis lui prédisaient des succès assurés. Mais lui ne se reposait pas sur ce rare assemblage d'heureuses qualités. Tantôt seul, dans sa petite chambre de la rue Soufflot, tantôt dans la conférence philosophique, alors fort connue, de l'impasse des Vignes, il s'exerçait à l'art de bien dire.

C'est qu'il avait pour le rôle du professeur un respect profond; il ne suffit pas, pensait-il, d'exposer à la jeunesse studieuse des faits exacts, des idées saines et justes, il faut encore et surtout lui faire aimer ces faits et ces idées; un professeur comme il espérait l'être et comme il le fut en effet, doit démontrer, mais surtout « séduire à la science; » il est comme un ferment duquel sort un rayonnement incessant et fécond qui ne diminue en rien sa force. Mais cependant, bien loin de plier à une crédulité servile les jeunes intelligences qui se confient à lui, il doit, quand leurs ailes sont fortes, leur laisser prendre un libre essor :« Le champ est vaste, disait souvent mon éloquent maître, le but lointain, les routes variées, mais toutes lumineuses ; la nature est comme un livre, le professeur doit enseigner les lettres et inspirer l'amour de la lecture; qui voudra lire y lise, et ouvre le livre à sa page. » Ce n'est pas qu'il ne combattît, et vigoureusement, ce qu'il croyait être l'erreur; sa tolérance était armée, mais c'était la tolérance. «Vous reviendrez à la vraie voie, » disait-il avec son bon sourire. Que l'on permette à l'un de ses élèves, qui, tout fier qu'il soit de ce titre, s'était, sur beaucoup de questions philosophiques, séparé du maître, d'invoquer en exemple et ses dissensions presque quotidiennes et l'affection paternelle dont il était honoré, et de rendre ici un public hommage à cette rare et sublime honnêteté.

De si hautes et de si nobles qualités n'avaient pu manquer d'attirer l'attention sur le jeune Gratiolet. L'un de ses maîtres, le bon et spirituel Pariset, s'attacha surtout à lui par l'esprit et par le cœur, et, frappé des aptitudes scientifiques de son jeune ami, il le présenta à M. de Blainville qui, en 1842, le fit entrer dans son laboratoire.

C'était le mettre à une haute et à une rude école. Mais M. Pariset n'ignorait pas que la nature ardente, passionnée, difficile, de l'illustre anatomiste était profondément honnête. Il savait, en remettant entre ses mains l'avenir de celui qu'il aimait comme un fils, que M. de Blainville avait l'amour de la science et le sentiment de sa force à un assez haut degré pour protéger un rival de gloire, dût ce rival l'égaler un jour. M. de Blainville se montra digne de cette paternelle confiance; sans doute aussi la modération charmante et la fermeté respectueuse du jeune disciple le domptèrent et le séduisirent. Toujours est-il qu'un double lien d'affection et de reconnaissance s'établit entre eux, et qu'au mois de juin 1844, M. de Blainville fit accepter Gratiolet comme suppléant pour le cours dont il était chargé au Muséum d'histoire naturelle.

Gratiolet n'avait pas encore vingt-neuf ans ; dans cette chaire d'anatomie comparée, la gloire du Muséum et l'une des gloires de la France, il succédait au grand Cuvier et à son fougueux émule. Encore étudiant[1], déjà il enseignait aux maîtres, et il le faisait avec la grandeur d'une pensée mûrie par la méditation, avec l'éclat d'une parole que parfois inspirait la poésie. Son début fut un triomphe, et, pendant cinq années, il se montra digne de sa précoce et redoutable élévation. Sans doute alors, sa jeune et ardente imagination voyait s'ouvrir à deux battants les portes d'un brillant avenir. Qui pouvait prévoir que celui dont la supériorité venait ainsi de s'affirmer au plein jour serait, pendant de longues années, condamné à l'ombre silencieuse ; que, par deux fois, comme à Tantale, on lui arracherait cette gloire qu'il croyait tenir, et qu'un jour enfin il irait mourir, à l'aurore d'un avenir nouveau, sans avoir pu, réalisant le rêve de toute sa vie, relever l'enseignement de cette chaire célèbre à la hauteur où l'avaient placé les Blainville et les Cuvier ?

Un coup terrible allait l'atteindre ; le 1er mai 1850, au sortir d'une leçon de Sorbonne, de Blainville fut

---

1. Il ne passa qu'en 1845 sa thèse pour le doctorat en médecine, intitulée : *Recherches sur l'organe de Jacobson.*

frappé d'une apoplexie foudroyante. Aucun de ses élèves n'eut part à son double héritage de la Faculté des sciences et du Muséum, et la chaire d'anatomie comparée qu'il aurait voulu léguer au plus aimé d'entre eux, fut donnée à M. Duvernoy, collaborateur de Cuvier.

Gratiolet ne se plaignit pas; il avait pour lui l'avenir, il se sentait fort de ses succès passés, et se prépara à appuyer de travaux importants les titres considérables qu'il tenait déjà de son immense talent. D'ailleurs, M. Duvernoy ne pouvait suffire à deux enseignements; il se fit, à partir de 1852, remplacer par Gratiolet dans sa chaire du Collége de France. Ici encore, une foule enthousiaste se presse à ses leçons, et nul ne doute que cette fois sa place ne soit définitivement acquise. Vain espoir ! Duvernoy meurt, et sa succession est ravie à Gratiolet : il en fut profondément affligé. Faut-il rechercher aujourd'hui les motifs et les fauteurs de cette irréparable injustice? Non, messieurs : bien avant sa mort, avant même le premier sourire de la fortune, Gratiolet avait tout pardonné. Inspirons-nous de sa pensée, détournons nos yeux attristés, et reportons-les sur ce noble spectacle tant vanté des anciens, d'une grande âme aux prises avec l'adversité.

Heureusement pour Gratiolet, il ne fut pas longtemps seul[1]. Dédaigneux, lui, pauvre, dédaigneux

____

1. Il se maria le 11 décembre 1854.

des unions cupides où le budget fait loi, il eut ce suprême bonheur d'associer à sa destinée une noble femme, qui, après avoir été toute consolation ou toute joie, selon les bons ou les mauvais jours, se montra héroïque lorsque sonna l'heure des grandes infortunes. Appuyée sur cette main amie, Gratiolet considéra courageusement l'avenir et se remit au travail.

Pendant huit ans, sa vie s'écoula silencieuse dans le laboratoire d'anatomie comparée dont il avait la direction, et où cependant mille difficultés de détail entravaient son activité. C'est dans cet intervalle que parut l'un des plus beaux livres d'anatomie philosophique qu'ait produits notre siècle, son *Traité d'Anatomie comparée du cerveau de l'homme et des singes*[1].

L'étude du système nerveux des animaux supérieurs fut le sujet principal de ses recherches et de ses méditations. « L'anatomie la plus élevée, disait-il, est celle qui vient en aide à l'étude philosophique de l'intelligence. » Tour à tour naturaliste et philosophe, il l'envisagea à tous les points de vue; il lui dut ses plus importantes découvertes, ses plus éloquentes inspirations et la plus belle partie d'une réputation qui, dissimulée en France, nous était enviée par l'Angleterre et l'Allemagne.

---

1. Ce traité forme le deuxième volume de l'ouvrage publié sous ce titre : *Anatomie comparée du système nerveux considéré dans ses rapports avec l'intelligence.* Paris, J. B. Baillière, 1857.

Huxley, Davidson, Eschricht, Retzius, Rudolph Wagner, traitaient Gratiolet en égal, c'est-à-dire en maître. Un illustre naturaliste anglais[1] le qualifiait : « la plus haute autorité de notre âge en anatomie cérébrale. » Il est facile de prouver que cette expression est rigoureusement vraie.

C'est, en effet, Gratiolet qui, le microscope en main, a découvert les filets qui réunissent entre elles les cellules constituantes de la moelle épinière[2], et par cette observation capitale a expliqué les phénomènes les plus généraux du système nerveux en action, je veux dire les phénomènes réflexes. Comment comprendre que l'excitation localisée d'un point du corps occasionne, en dehors de la volonté, des mouvements dans quelque autre partie éloignée? On savait que le filet nerveux qui apporte l'impression à la moelle épinière se termine dans une cellule de cet organe; on savait, d'autre part, que le filet nerveux qui commande le mouvement part d'une autre cellule de ce même organe. N'est-il pas nécessaire que quelque relation anatomique existe entre ces deux cellules pour que l'impression de l'une suscite la réaction de l'autre? Cette relation, beaucoup d'anatomistes l'avaient recherchée vainement. Gratiolet, persuadé de sa nécessité, se mit à l'œuvre, et la démontra, donnant ainsi un bel exemple de la puissance des hypothèses appliquées

1. Lyell, *Antiquity of man.*
2. Journal *l'Institut*, t. XX, 1852, p. 272.

à l'investigation des faits, lorsque ces hypothèses sont au service d'un esprit ferme et prudent : découverte qui aurait pu suffire à illustrer son auteur, car elle donnait enfin le mécanisme des actions et des réactions sympathiques sur lesquelles on avait tant et si longuement disserté.

Après avoir éclairé ce point obscur et important de l'anatomie générale, Gratiolet envisagea le système nerveux dans son expression morphologique, et du premier coup s'attaqua aux plus graves et aux plus difficiles problèmes. On sait dans quelle surprise, dans quelle admiration et dans quel embarras, ont été jetés les naturalistes et les philosophes par l'observation extérieure et surtout par l'anatomie des grands singes que leurs gestes et leur figure ont fait nommer anthropomorphes. « Toutes les parties du corps de l'orang, s'écrie Buffon, tant intérieurement qu'extérieurement, sont si parfaitement semblables à celles de l'homme qu'on ne peut les comparer sans être étonné que d'une organisation qui est absolument la même il ne résulte pas les mêmes effets. Par exemple,.... le cerveau est absolument de la même forme et de la même proportion que dans l'homme, et cependant l'orang ne pense pas. Y a-t-il une preuve plus évidente que la matière seule, quoique parfaitement organisée, ne peut produire la pensée, à moins qu'elle ne soit animée par un principe supérieur? »

Certes, cette conclusion n'était pas de celles qu'eût

repoussées Gratiolet, champion éloquent des doctrines spiritualistes ; et, cependant, telle était sa bonne foi scientifique, qu'il ne put en accepter sans vérification les prémisses. Insistons, messieurs, sur ce fait. On a souvent reproché à Gratiolet de se laisser diriger dans ses travaux par des idées préconçues, de procéder par *a priori*, et de ne chercher dans les faits qu'une confirmation à des hypothèses élevées par avance à la hauteur de dogmes. Protestons énergiquement contre cette imputation, qui, pour un savant, est une injure. L'hypothèse aimée de Gratiolet, celle que lui fournissait avec une inépuisable abondance sa féconde imagination, est cet instrument merveilleux de découvertes, avec lequel l'homme sonde et trouve le côté accessible des problèmes posés, et soulève des problèmes nouveaux ; mais il proscrivait celle qui s'impose et refuse d'obéir aux faits. Maître de sa pensée ailée, l'enchaînant avec courage dans le lent sillon de l'investigation patiente, il se montra toujours admirable dans l'analyse scrupuleuse des détails et comme supérieur à lui-même : c'est qu'il avait le génie qui féconde le fait, et saisissant ses conséquences, lui enlève son aridité. Je n'en veux pour preuve que le travail dont j'allais vous entretenir, que ses Recherches sur les plis cérébraux de l'homme et des primates[1].

---

1. Lu à l'Académie des sciences en 1850, et inséré dans le *Recueil des Savants étrangers*.

Tout d'abord, il repousse l'assimilation complète que fait Buffon du cerveau de l'orang et du cerveau de l'homme ; la richesse des plis qui sillonnent la surface du cerveau humain, la prédominance de sa région frontale, la réduction extrême de son lobe postérieur, bien d'autres caractères évidents à première vue, permettent de s'étonner de l'erreur du grand naturaliste. Mais, recherchant sous la complication, jadis inextricable, des circonvolutions cérébrales, les traits constants, ceux qui persistent chez toutes les races humaines et jusque chez les idiots, ceux qui, à un certain moment du développement, se montrent seuls sur les hémisphères du fœtus, Gratiolet fut amené à conclure qu'ils rattachent intimement le type homme au type singe, si bien que c'est des singes supérieurs qu'il faut partir pour étudier fructueusement l'architecture du cerveau humain. Mais, poussant encore plus loin l'analyse, et ne s'arrêtant pas à cette identité typique, il interroge le développement cérébral [1], et là, avec plus de joie encore que de surprise, il croit constater entre les circonvolutions de l'homme et celles du singe un mode d'apparition exactement inverse : chez le premier, elles se montrent d'abord sur le lobe frontal, témoignant ainsi de la dignité de cette région, et marchent d'avant en arrière ; chez les singes, au contraire, ce sont les circonvolutions

---

1. *Anat. comp.*, t. II, ch. VII.

sphénoïdo-temporales qui apparaissent d'abord et en dernier lieu celles du tube frontal. Ainsi, pour Gratiolet, le même type est réalisé par une évolution contraire. Ainsi l'homme, jusque dans l'organe de son intelligence, est à l'abri du contact animal, et différent, dès son principe, du singe qui arrive à lui ressembler par un développement ultérieur, il est d'autant plus homme, si l'on peut ainsi parler, qu'il est plus près de son origine.

Aussi, le cerveau de certains idiots nommés microcéphales, dont le développement a été arrêté pendant l'âge fœtal, présente déjà, et au plus haut degré, les caractères humains : « Il ne faut donc pas s'étonner, dit Gratiolet, que ces microcéphales conservent également les aptitudes intellectuelles propres à l'homme ; la plupart ont un langage intelligible, très-peu riche, il est vrai, mais articulé et abstrait ; leur cerveau, inférieur en apparence à celui d'un orang ou d'un gorille, est cependant celui d'une *âme parlante*. Cette virtualité innée, et pour ainsi dire ineffaçable, est certainement le caractère le plus éclatant, le plus noble de l'homme ; elle frappe, en regard de cette atténuation, de cet anéantissement partiel des organes de l'intelligence. Ainsi la maladie peut amoindrir l'homme, elle n'en fait point un singe [1]. »

1. Recherches sur la microcéphalie, considérée dans ses rapports avec la question des caractères du genre humain. (*Mém. Soc. d'Anthropologie*. T. I, p. 66. Paris, 1860.)

Dignité suprême de l'homme ! Intelligence qui se conçoit elle-même et personnifie les causes ! sujet inépuisable de méditation, d'angoisses et d'enthousiasme ! jamais plus fervent adepte n'a scruté plus scientifiquement la nature pour déterminer les conditions de ta grandeur ! Jamais voix plus inspirée n'en a plus éloquemment célébré les effets et les preuves ! Gratiolet avait pour cette puissance intellectuelle et pour l'harmonie organique qui l'exprime en la servant une admiration qui semblait une adoration. C'est qu'à ses yeux, comme à ceux de Pascal, « l'homme est visiblement fait pour penser[1]. » « L'homme et les animaux sont des harmonies dont les tons diffèrent; or, le ton de l'homme s'appelle intelligence. Voilà la base de l'accord où toutes ses fonctions s'unissent. Ainsi la perfection de l'homme ne s'appellera ni locomotion, ni acuité des sens externes, elle s'appellera intelligence[2]. » Aussi cette intelligence trouve-t-elle dans le corps un instrument adapté même dans ses imperfections, et parfait même à cause d'elles.

Il fallait entendre Gratiolet, développant ce thème avec une incomparable richesse d'expressions, décrire tour à tour la stature verticale de l'homme; son

1. Cette pensée de Pascal a été fort heureusement choisie par M. Grandeau pour épigraphe de la notice pleine de cœur et d'élévation qu'il a consacrée à la mémoire de Gratiolet.

2. *Anatomie du système nerveux*, etc. T. II, p. 119.

front prêt pour la couronne, dominant la face réduite; ses yeux dirigés en avant, et dont les nerfs en relation directe avec l'organe de l'intelligence font de lui « l'animal-lumière »; et sa main, habile à toucher, habile à saisir, dont le geste peut suppléer même à la parole, geste sublime du larynx, et qui, spéciale à l'homme, n'est plus chez le singe, par l'atrophie du pouce, qu'un instrument de préhension brutale, un simple crochet de suspension.

Mais si grand que soit le type homme, il a des expressions de dignités différentes. Il existe des races inférieures, si dégradées ou du moins si basses, que, selon beaucoup de naturalistes, elle font, pour ainsi dire, une transition vers les singes. Vous devinez, messieurs, avec quelle ardeur Gratiolet s'attacha à leur étude. Il constata d'abord que, chez elles, les sutures qui séparent dans le jeune âge les os du crâne s'ossifient de très-bonne heure, tandis que chez les races supérieures elles persistent bien plus longtemps, en sorte que l'enveloppe protectrice du cerveau peut grandir avec lui. « De là peut-être cette perpétuelle jeunesse de l'esprit qui, chez les hommes qui pensent beaucoup, semble défier la vieillesse et la mort. » Puis, examinant leur cerveau lui-même, il vit que, comme les cerveaux des fœtus, comme ceux des idiots, il présente au plus haut degré les caractères humains ; à l'état permanent, il est comparable à une sorte d'arrêt de développement du cerveau des races supérieures. Mais ici Gratiolet saisit un fait remarquable et qui doit servir de base à la psychologie comparée.

Le cerveau d'une femme de race bojesmane connue sous le nom de la Vénus hottentote, qu'il eut occasion d'examiner, lui montre un état de développement qui ne peut être mis en parallèle qu'avec le cerveau des blancs idiots. Or, la Vénus hottentote n'était point idiote. Ce qui est parfait chez les races inférieures est donc imparfait chez les supérieures ; ce qui est infériorité chez les unes devient donc dégradation chez les autres. Il y a donc des degrés de suffisance. « Les nègres, les Bojesmans, comparés aux races blanches, ne sont donc point des enfants arrêtés dans leur développement, ce sont des êtres achevés ; mais les sommets de ces races s'élèvent, dans l'ordre de la création, à des hauteurs inégales. » Aussi Gratiolet ne peut-il partager « les rêveries charitables des philosophes qui poursuivent l'exaltation des races inférieures, » et qui, sous prétexte d'égalité, les arrachent à leur évolution personnelle et les vouent, en face d'une concurrence fatale, à la misère et à la mort. Mais ne craignez rien, messieurs ; de ces principes que pose la science, rien ne découle qui puisse servir une thèse odieuse, et rattacher des fers enfin brisés. Écoutez Gratiolet : « Tous ces êtres hiérarchiquement inégaux sont hommes, doués de la parole, intelligents, et par conséquent respectables. Car il est naturel et selon Dieu que la force aide la faiblesse, que le voyant dirige l'aveugle. La loi d'humanité, qui protége et entoure de soins maternels les idiots les plus monstrueux, les crétins les plus dégradés, s'étend à toutes les races humaines. Il n'y a contre elles ni droit de violence, ni droit de mensonge, ni droit de mort. Contre les faibles, il n'y a que le droit de charité[1]. »

Mais ces conséquences, pour si grandes et si élevées qu'elles soient, ne sont pas les seules que Gratiolet ait tirées ou cherché à tirer de ses profondes études sur le système nerveux. Face à face et courageusement, il a envisagé le redoutable problème de la cause de nos idées. Toutes ses observations le fortifient dans sa conviction première qu'il est en nous un principe supérieur à la matière et qui n'a rien à redouter du temps : « Absurdité pour absurdité, dit-il, il serait en réalité plus logique de nier l'essence matérielle que celle de la pensée. » Mais les ébranlements de cette essence ne sont pas tous spontanés; beaucoup proviennent, à l'insu de la conscience, des impressions, du corps, et parfois même domptent la volonté. Dans son étude expérimentale de la mémoire, des songes, des hallucinations, de l'influence des mouvements extérieurs et des attitudes du corps sur l'imagination, ou réciproquement, Gratiolet se montre admirable de pru-

---

1. *Mém. sur les plis cérébraux de l'Homme et des Primates.* Paris, A. Bertrand.

dence et de sagacité, supérieur aux naturalistes par sa connaissance familière des plus obscurs dédales de la métaphysique, supérieur aux métaphysiciens dont il évite heureusement les sophismes subtils, par sa science de la nature.

Je ne saurais en ce moment le suivre dans ces régions élevées; pas davantage ne pourrais-je vous exposer ses idées, ou, selon son expression modeste, ses inductions et ses hypothèses sur la manière dont on peut concevoir entre les phénomènes intellectuels et l'organisation intime du cerveau un rapport naturel et intelligible.

Aussi bien il est temps de m'arrêter dans cette analyse où je me laissais entraîner : il ne faut pas fatiguer les auditeurs en racontant la vie de celui qui savait si bien les charmer. Je veux cependant vous dire, mais rapidement, comment, par l'étude du cerveau, Gratiolet a démembré ce groupe audacieux des singes anthropomorphes, ces Titans du règne animal dont l'escalade menace l'humanité, faisant de l'orang un gibbon, du chimpanzé un macaque, du gorille un simple cynocéphale. Je ne puis qu'indiquer les progrès que ses recherches sur les centres nerveux ont fait faire à la classification des animaux, et vous montrer Gratiolet, déterminant à l'aide d'un fragment de crâne où les circonvolutions cérébrales avaient laissé leurs empreintes, l'animal fossile auquel il avait appartenu. J'énumérerai plus rapidement encore ses beaux travaux sur l'anatomie de la térébratule et de la lingule, sur le système vasculaire des reptiles, sur celui de l'hippopotame ou des sangsues, et je passerai forcément sous silence tant d'autres modèles de monographies anatomiques où sa patience et sa sagacité se sont montrées dignes des qualités les plus élevées de son esprit[1].

Tant de science et tant de travail allaient enfin trouver asile et récompense[2]. Déjà, en 1858, un ministre dont les amis de Gratiolet doivent prononcer le nom avec reconnaissance, M. Rouland, lui avait fait décerner la croix de la Légion d'honneur. Gratiolet l'avait acceptée avec une satisfaction que ne taxeront pas de vanité ceux qui savent comment, au sortir des journées néfastes de juin 1848, capitaine dans un bataillon de l'artillerie de la garde nationale commandé par M. Ange Blaize, il avait, comme ce digne ami, refusé noblement la croix méritée par son courage, pour ne pas porter à son côté un souvenir toujours présent de ces luttes douloureuses.

Quelques années plus tard, la mort d'un natura-

---

1. La liste complète des travaux de Gratiolet se trouve à la suite de son livre sur *la Physionomie et les mouvements d'expression*. Paris, Hetzel, 1865

2. Ce sont les expressions mêmes de la lettre par laquelle M. Rouland annonçait à Gratiolet qu'il le chargeait du cours d'Is. Geoffroy Saint-Hilaire à la Faculté des sciences de Paris : lettre que nous ne pouvons ici reproduire, mais qui honore également et celui qui l'a écrite et celui qui l'a reçue.

liste éminent, digne fils d'un illustre père, la mort d'Isidore Geoffroy Saint-Hilaire[1], laissait vacante une des places de professeur de zoologie à la Faculté des sciences de Paris, celle-là même qu'avait autrefois illustrée de Blainville. Cette fois enfin Gratiolet put s'asseoir dans la chaire de son maître[2]. Il reçut la nouvelle de sa nomination avec joie, sans doute, mais en même temps avec une certaine tristesse qui semblait un pressentiment.

C'est à la Sorbonne qu'il me fut donné, pour la première fois, de l'entendre en public, pendant une série de leçons savamment ordonnées. Lui, dont la facilité d'exposition était entraînante, il apportait à la préparation de ses cours un soin scrupuleux; de même que notre intelligence n'a pas besoin, grâce à une organisation merveilleuse, de s'inquiéter des mouvements automatiques du corps, de même, pensait-il, la parole et l'imagination du professeur doivent être libres et débarrassées du souci de coordonner les idées et les faits. Arrivé dans sa chaire, il commençait sur un ton assez bas, les yeux à demi fermés, avec une sorte d'expression de souffrance; mais bientôt son geste devenait plus nombreux, sa diction plus pressante; sa main suivait au tableau noir, avec une merveilleuse sûreté, ses descriptions orales, en leur donnant un corps : toujours clair, élé-

1. 10 novembre 1861.
2. Chargé du cours en 1862; nommé professeur le 22 novembre 1863.

gant, précis, il intéressait et charmait jusque dans
les plus arides détails. Mais se présentait-il quel-
qu'une de ces grandes questions à la hauteur des-
quelles aimait à planer sa pensée, voulait-il montrer
dans les harmonies naturelles les traces d'une intelligence infinie par la puissance et par l'activité,
voulait-il, analysant les facultés de l'esprit humain,
en tirer la preuve qu'il existe en nous un principe
immortel, ou s'agissait-il de la dignité de l'homme
et des théories récentes qui l'attaquent dans son
isolement, alors sa parole ardente servait éloquemment sa pensée enthousiaste, et, dans l'éclat
de ses regards, dans l'animation de son geste, il
apparaissait vraiment comme une épée flam-
boyante, interdisant à la plèbe animale l'Éden de
l'humanité.

Mais qu'ai-je à faire de tenter une insuffisante
peinture? Beaucoup d'entre vous, messieurs, ont
entendu Gratiolet, dans cette enceinte même, dé-
voiler avec un art merveilleux les secrets de la physionomie et, selon la juste expression de M. Chevreul, « faire d'un sujet anciennement vulgaire une
œuvre précise, profonde et originale. »

Cette conférence tant admirée n'était que l'abrégé
d'un traité complet, d'un livre que j'ai retrouvé
tout entier dans es papiers de mon bien cher maître, où, depuis plus de dix ans, il attendait l'impression, rendue possible aujourd'hui par le concours
généreux de M. Hetzel. Je ne saurais essayer, à la

fin de cette notice déjà longue, une analyse de cet important ouvrage; mais je veux vous montrer le talent de Gratiolet sous un nouveau jour encore. Après le naturaliste, l'orateur et le philosophe, c'est le peintre que nous allons admirer, peintre par la parole où il fut maître complet. Il s'agit, dans cette étude du langage universel, de prouver que les attitudes du corps entier traduisent le sentiment de plaisir perçu par un organe quelconque. Écoutez ce portrait :

« Donnez à un petit carnassier, à un petit chat, par exemple, quelque liquide savoureux et sucré; voyez-le s'avancer lentement et flairer avec attention; ses oreilles se dressent; ses yeux, largement ouverts, expriment le désir; sa langue, impatiente, lèche ses lèvres, caresse et déguste d'avance l'objet désiré. Il marche avec précaution, le cou tendu. Mais il s'est emparé du liquide embaumé; ses lèvres le touchent, il le savoure; l'objet n'est plus désiré, il est possédé; le sentiment que cet objet éveille s'empare de l'organisme entier; le petit chat ferme alors les yeux, se considérant lui-même tout pénétré de plaisir. Il se ramasse sur lui-même, il fait le gros dos, il frémit voluptueusement, il semble envelopper de ses membres son corps, source de jouissances adorees, comme pour le mieux posséder; sa tête se retire doucement entre ses deux épaules, on sent qu'il cherche à oublier le monde, désormais indifférent pour lui;

il s'est fait odeur, il s'est fait saveur, et il se renferme en lui-même avec une componction toute significative[1]. »

Avouez maintenant, messieurs, que la plume de Gratiolet pouvait remplacer le pinceau ; songez, je vous prie, que pour vous en citer cette preuve, j'ai longtemps hésité par l'embarras du choix, et vous ne vous étonnerez pas des applaudissements chaleureux, du succès sans égal qu'obtint cette conférence, véritable chef-d'œuvre d'observation spirituelle et savante.

Ceci se passait le 20 janvier 1865. Gratiolet avait quarante-neuf ans.

Cette fois enfin, les vents ennemis étaient apaisés ou domptés ; de nouveau l'espérance aux ailes dorées s'élançait devant lui vers un horizon d'où les nuages avaient disparu. Sa jeune famille grandissait ; ses amis jouissaient de sa joie ; son aimable gaieté, échappée aux orages, n'était plus troublée parfois que par cette mélancolie des grands esprits, impatients de l'inconnu. Libre enfin des soucis matériels, il se disait vraiment heureux, quand, le 15 février 1865, l'apoplexie le frappa comme elle avait frappé Blainville.

Quelques heures après, à la place de ces joies et de ces espérances, que restait-il ? Des amis en pleurs,

---

1. La conférence sur la physionomie a été publiée en tête du livre : *De la physionomie et des mouvements d'expression*. Paris, Hetzel, 1865, p. 30.

trois petits enfants, une veuve qui s'est fait un culte de sa douleur.

Il restait encore, je ne puis m'empêcher de le dire, il restait pour l'enseignement scientifique en France, une de ces grandes et sévères leçons dont les institutions humaines, si elles veulent assurer et honorer leur existence, doivent savoir profiter.

Mais ne nous arrêtons pas, messieurs, sur ces pénibles pensées. Oublions les tristes effets des erreurs et des faiblesses humaines et puisons quelque consolation dans de plus nobles souvenirs.

Trois jours plus tard, à la tête du cortége funèbre qui accompagnait mon maître à sa dernière demeure, marchait, conduisant par la main l'aîné des enfants de Gratiolet, l'aîné des pupilles de notre Société, marchait un ministre[1] qui, pour suivre un cercueil, s'était héroïquement arraché au lit de mort où gisaient ses plus chères affections. Non loin du chef de l'Université, un pauvre vieillard pleurait amèrement : c'était un ancien employé du Muséum, devenu invalide, renvoyé et voué à la misère, auquel Gratiolet, sur ses simples appointements d'aide-naturaliste, donnait, à l'insu de tous, un secours de soixante francs par mois. Et, tout autour, une foule consternée s'entretenait des œuvres accomplies, des œuvres inachevées et de cette vie

---

1. M. Duruy, ministre de l'instruction publique, qui n'épargne rien pour consoler et protéger l'infortune.

vaillante que la mort ne dépouillait d'aucun éclat emprunté.

Ainsi la douleur publique honorait non-seulement le professeur de Sorbonne, le maître de la parole et de la pensée, mais l'homme au cœur généreux dont on n'a pu faire un plus digne et plus juste éloge qu'en disant : « Son intelligence égalait sa bonté[1]. »

1. Discours prononcé au nom de M. Chevreul, directeur du Muséum d'histoire naturelle, par M. Frémy, sur la tombe de Gratiolet.

12570. — IMPRIMERIE GÉNÉRALE DE CH. LAHURE
Rue de Fleurus, 9, à Paris

BIBLIOTHÈQUE NATIONALE DE FRANCE

3 7502 01048261 2

www.ingramcontent.com/pod-product-compliance
Lightning Source LLC
Chambersburg PA
CBHW051333060726
47596CB00004B/1600